經典
少年遊

011

說岳全傳

盡忠報國的岳飛

The Complete Story of Yue Fei
The Patriotic General

繪本

故事◎鄒敦怜

繪圖◎朱麗君

這是河南一戶姓岳的人家，主人
為岳和。這一天，夫人姚氏剛生
下兒子，舉家歡騰。此時有個道
人來借住，在岳和的請求下，就
為孩子取名為岳飛，字鵬舉。
道人早就看出岳飛的不凡，臨
走前叮嚀著：「要是遇到災
難，就躲進大缸內。」

3

岳飛出生第三天，村子發生大洪水。母親抱著他躲進大缸中，逃過一劫。大缸浮浮沉沉，一路漂到河北大名府麒麟村，村中的王明員外收留母子倆。岳飛跟母親相依為命，母親教他讀書識字。

岳飛七歲時，王員外的朋友周侗來拜訪，並留下來擔任塾師。周侗家人都已不在，因為欣賞岳飛的勤奮與聰慧，就收岳飛為義子。岳飛在周侗的調教下，武功精鍊，文采過人。

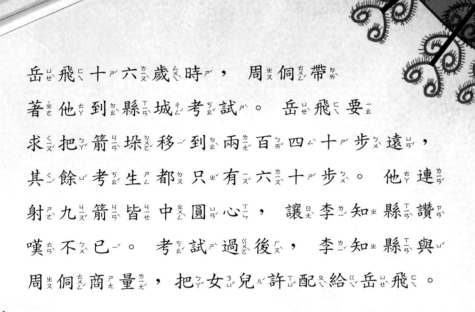

岳飛十六歲時，周侗帶著他到縣城考試。岳飛要求把箭垛移到兩百四十步遠，其餘考生都只有六十步。他連射九箭皆中圓心，讓李知縣讚嘆不已。考試過後，李知縣與周侗商量，把女兒許配給岳飛。

隔年，岳飛又來到京城考試，並參見宗澤大元帥。可惜，當年南寧州的藩王——柴桂也來應考，他早就賄賂了主考官丞相張邦昌，對「武狀元」勢在必得。兩人比鎗時，岳飛當場刺死柴桂。丞相原本要追究責任，幸好宗澤力保，讓岳飛平安回家。

岳飛回鄉後，仍然認真練武，等待時機。這時徽宗退位，小皇帝欽宗不理朝政，各地寇賊自立為王。遠在北方的女真國，也建立了金朝，由「狼主」統治，看到這樣的情形，老狼主也想趁機南下，奪取宋朝江山。

13

老狼主四子兀朮驍勇善戰，雖然生長在番邦，卻對宋朝的文物歷史特別感興趣。老狼主命兀朮為掃南大元帥，帶領五十萬兵馬南下。雖然宋朝將官全力阻擋，金兵仍然勢如破竹，步步進逼。欽宗皇帝嚇壞了，連忙詢問丞相張邦昌意見。

張邦昌大力推薦宗澤上陣，其實是想報之前在校場上的仇，才丟出這燙手山芋。宗澤於是駐守黃河邊，不料那年八月就颳起寒風，黃河結冰，兀朮大軍踏冰而來，宋軍兵敗，兀朮大軍兵臨首都汴京。

16

張邦昌主張議和，不過他卻被兀朮收買，要宋朝先後把趙王、康王兩位王子送到金國當人質。金國仍然不滿足，張邦昌說動徽欽二帝，親送五代先王牌位到金國，讓人民免於戰亂。兩位皇帝由當年的狀元——秦檜陪同前往金國，卻當場被囚禁，成為俘虜。

二帝被俘，宋朝一時無主，幸好康王
趁機逃脫，歷經千辛萬苦逃回中原。
康王回國，朝廷上下又燃起了希望，
臣子們擁護康王定都南京，為宋高宗。
為了雪恥，高宗召請岳飛為國家效力。

21

自從武狀元考試後，岳飛一直
待在家鄉。這段期間，各地稱
王的寇賊不時想說服他出來，
號召更多的幫手。不過岳飛一
心向著宋朝，寧願過著清貧的
日子。母親讚許他的忠心，在
他背上刺「盡忠報國」四個
字，要他時時惕勵自己。

聖旨來到，終於有報效國家的機會了！岳飛非常高興，立刻挑選了八百兵馬，準備開戰。第一戰，岳飛假裝敗退，讓金兵追入山裡中了埋伏，宋軍殲滅三千敵軍，士氣大振。接連幾場戰役，岳飛都善用兵法，以寡擊眾，讓金兵膽戰心驚。

24

在愛華山谷，岳飛迎戰由兀朮帶領的金兵。
岳飛與兀朮大戰七、八十回合，兀朮不敵
而逃跑，宋軍一路追趕，幾乎要活捉兀朮，
卻在最後一刻仍讓剽悍的兀朮逃脫。

宋軍乘勝追擊，繼續把兀朮大軍逼到黃天蕩。黃天蕩是一處沒有出口的死港，宋軍守住出口，準備甕中捉鱉。此時，有人建議兀朮掘開泥沙，引秦淮河水通河，從另一頭離開。那一夜，兀朮命令軍士趕工，一夜掘開三十里，終於從水路逃回金國。

兀朮想到自己原本勢如破竹，遇到岳飛竟然敗仗連連。他體會到岳飛才是最大的敵人，為了一雪前恥，他收買秦檜，故意放秦檜回國。秦檜回國前，先面見徽、欽二帝，取得兩位皇帝的手信。這些親筆信函，讓秦檜馬上就受到高宗皇帝的信任。

31

兀朮敗走，中原平靜了好一陣子。高宗任命秦檜為丞相，積極與金國議和，還送了許多貢品，希望能維持和平的局面。

不久，金兵又蠢蠢欲動。高宗只好又請出岳飛迎戰，這次還把兀朮大軍逼到金牛嶺。兀朮氣壞了！要秦檜立刻害死岳飛！

於是，秦檜馬上傳了十二道金牌，要岳飛立刻休兵回京。部下勸岳飛：「這一定是奸臣的計謀，『將在外，君命有所不從。』我們應該趁此氣勢，滅了金國！」岳飛感慨萬千：「我一生只圖盡忠，既然是朝廷命令，怎能違抗！」

岳飛遵旨回到京城，果然被秦檜
囚禁。秦檜還逼他和兒子岳雲、
大將張憲，承認有謀反的意圖。
只是，即使三人在獄中受盡嚴刑
拷打，卻仍堅守清白。

除夕夜時，高宗下令在風波亭處死岳飛、岳雲與張憲。岳飛正氣凜然的說完：「大丈夫視死如歸，又有什麼好怕！」之後便從容赴死。那一晚，忽然狂風大作，飛砂走石，黑霧漫天，讓人不勝唏噓。

説岳全傳
盡忠報國的岳飛

讀本

原典解説◎鄒敦怜

《説岳全傳》為一部歷代累積的民族英雄傳說故事，盡忠報國的岳飛，一生命運受到許多人的影響。

錢彩（生卒年不詳，約1729年在世），字錦文，浙江仁和人，清代小說家。
他將歷代流傳的岳飛故事重新編寫，成為二十卷八十回本的《説岳全傳》。

金豐（生卒年不詳），字大有，廣西永福人，清代小說家。
他增補修訂了錢彩編定的《説岳全傳》，並為全書作序，
置於卷首。

相關的人物

TOP PHOTO

岳飛（1103～1142年），字鵬舉，南宋抗金名將，後世譽為「武聖」。出身農家，自幼勇猛過人，後投身軍旅。
他治軍嚴謹，屢建奇功，所率領的岳家軍馳騁沙場，令金軍大嘆「撼山易，撼岳家軍難」。後來遭宋高宗猜忌，
竟被賜死。宋孝帝時獲平反，追諡武穆，宋寧宗時追封鄂王。上圖為岳飛像，中國北京故宮南薰殿藏。

宋高宗趙構為南宋第一位皇帝。抗金時期，宋高宗起初採用主戰的李綱、岳飛、韓世忠等人。根據《宋史》記載，他曾手寫「精忠岳飛」四字賜給岳飛，表達重視之意。但後來改採求和，任用主和的秦檜、汪伯彥等人，最後聽信讒言，竟賜死岳飛。右圖為宋高宗像。

TOP PHOTO

宋高宗

周侗

北宋末年武術大師，擅長弓術，正史記載為「周同」。《説岳全傳》中説周侗收岳飛為養子，不過正史上無此記載。根據《宋史》，岳飛拜周同為師，學習射箭，盡得其傳，練得左右開弓的好身手。

牛皋

字伯遠，初為弓箭手，後改投岳家軍。在幾場抗金戰役中屢建戰功，獲得高升。後來因不滿紹興和議，被都統制田師中毒死，也有人説是秦檜背後唆使。理宗景定二年追封他為輔文侯。《説岳全傳》將牛皋改寫為一位類似《水滸傳》李逵的草莽好漢，效忠岳飛，卻對朝廷極盡謾罵諷刺。

秦檜

字會之，北宋末年官至御史中丞。靖康之難時期，隨徽、欽二宗被擄至金國，後來逃歸。南宋時任禮部尚書，兩任宰相。因力主對金求和，以十二道金牌召回岳飛，並以「莫須有」罪名害死了岳飛。

岳飛抗金事蹟發生於南宋年間，歷經元、明、清傳誦不歇，直到清朝才由錢彩和金豐寫定為《說岳全傳》。

TOP PHOTO

1141 年

宋高宗紹興年間，南宋中興四將等戰力堅強，可與金軍對抗。高宗常致信岳飛，以為鼓勵。後來高宗欲迎回滯留金國的生母韋氏，極欲求和，故以稱臣賠款等屈辱條件簽訂了紹興和議，岳飛則以莫須有罪名被處死。上圖為〈宋高宗給岳飛二信帖〉。

紹興和議

相關的時間

元雜劇

元雜劇

到了元朝，岳飛的英雄事蹟已經在民間盛傳，並且已由藝人伶工編為戲劇搬演以娛樂大眾，甚至改寫歷史，使岳飛不死，最後復興宋朝。現存最早的元雜劇有《宋大將岳飛精忠》與《地藏王證東窗事犯》。

宋人話本

1265 ～ 1274 年

岳飛故事最早的紀錄見於宋人筆記，吳自牧《夢粱錄》中記載王六大夫於宋度宗御前演說《中興名將傳》，說的就是抗金名將岳飛、韓世忠、劉光世、張俊等人的故事。上圖為南宋劉松年繪〈中興四將圖〉。

明傳奇

明傳奇

岳飛的歷史地位與聲譽在明朝達到頂點，明人將岳飛尊奉為神明與民族英雄，且竭力為他辯冤復仇。有關岳飛故事的戲曲作品較多，現存可見的作品有《精忠記》、《精忠旗》、《如是觀》與《續精忠》四本。

清傳奇

清朝以異族入關，因此大力貶抑漢人崇拜的民族英雄岳飛，「抑岳」成為滿清基本政策。不過由於岳飛故事流傳既久，也無法一時斷絕，康熙、雍正年間仍出現了宣揚岳飛精忠的傳奇劇作《奪秋魁》。

小說成書

1684 年

《說岳全傳》最早版本為清康熙二十三年，金豐餘慶堂刻本。書首有一篇金豐撰寫的序文，時間為「甲子孟春」，即乾隆九年，可能就是《說岳全傳》的成書年代。

《説岳全傳》是有關岳飛故事最完整的小説定本，其中結合了史實、神話，也有新創作的情節。

《説岳全傳》是宋、元、明、清以來有關岳飛傳説的集大成之作。在此之前，南宋説話人已經開始講述岳飛抗金故事，元明清則是創作了許多戲曲與小説。錢彩編次的《説岳全傳》是最完整的小説定本，全名為《增訂精忠演義説本岳王全傳》，共二十卷，八十回。

明朝嘉靖三十一年熊大木編撰的《大宋中興通俗演義》，是第一本演述岳飛故事的長篇小説。共八卷，八十則。內容大致敷衍正史與筆記傳説而成，不是以岳飛個人事蹟為主題。本書豐富的史料為《説岳全傳》以及後代小説提供取之不盡的材料。

説岳全傳

中興演義

相關的事物

盡忠報國

岳母為使岳飛謹記不能做出不忠之事，以免一世芳名毀於一旦，於是在岳飛背上刺了「盡忠報國」四字。岳母刺字這件事正史中並未記載，但在《宋史・岳飛傳》中曾提到岳飛的背上有「盡忠報國」四大字。上圖為天津楊柳青木版古年畫。

金翅鳥

金翅鳥出於佛典，根據《法苑珠林》記載，金翅鳥以龍為食。在《説岳全傳》中，金翅鳥是岳飛的象徵，赤鬚龍是兀朮、鐵背虯龍則是秦檜。金翅鳥剋龍，而故事中岳飛剋兀朮與秦檜，這是作者錢彩結合神話的巧妙安排。

岳飛精忠

元雜劇《岳飛精忠》是現存最早的岳飛戲曲，題目為「金兀朮侵犯邊境」，正名為「大宋將岳飛精忠」，不著撰人姓名。內容敘述金兀朮南犯，岳飛率軍迎戰，大獲全勝。內容多與史實不合，可見戲曲為迎合觀眾情感滿足需求的意圖。

滿江紅

岳飛的詩詞作品大多都包含了濃厚激切的愛國之情，後人為他編纂了《岳武穆集》。他的作品中最膾炙人口的莫過於〈滿江紅〉這首詞，其中「三十功名塵與土，八千里路雲和月。莫等閒，白了少年頭，空悲切」等句，將積極入世的心境表露無遺。

《説岳全傳》中的岳飛畢生參與多場關鍵的抗金戰役，所到之處皆成為後人憑弔的懷古勝地。

岳飛出生地，大約位於現在的河南安陽市湯陰縣。《説岳全傳》第一回，描述岳飛降生時有一隻大鵬金翅鳥飛到河南相州的一家屋脊上，接著岳飛便誕生了。因著這個異象，所以取名為「飛」，字「鵬舉」。

岳飛死後原本葬於九曲叢祠，宋定宗為他平反後，遷葬於杭州西湖畔，南宋嘉定年間建岳王廟（如下圖）。後代屢次修建，如今列為中國國家重點保護文物。

相州

杭州岳王廟

相關的地方

TOP PHOTO

牛頭山

郾城

牛頭山位於今日南京市西南，又名牛首山、天闕山。《説岳全傳》中提到岳飛與兀朮有三場大戰役，其中一場牛頭山之戰，岳飛與韓世忠聯手大破兀朮大軍。

郾城位於今日河南省漯河市北方。紹興十年，岳飛率領岳家軍在此地與金軍拐子馬交戰，以少勝多，郾城奏捷。

風波亭

風波亭為南宋杭州大理寺獄中的一座亭子。宋高宗聽信秦檜讒言，將岳飛賜死於風波亭，當時岳飛才三十九歲。岳飛之子岳雲以及部將張憲則被判腰斬於市。

黃龍

黃龍位於現今吉林省長春市農安縣，是遼金兩朝的軍事政治中心。岳飛在朱仙鎮大捷之後，曾對部將立下豪語說：「直抵黃龍府，與諸君痛飲耳！」本來打算一舉進軍金京，卻被迫班師回朝，痛失滅金的良機。

朱仙鎮

TOP PHOTO

朱仙鎮位於今日的河南省開封市。根據《宋史》記載，紹興十年，岳飛大敗兀朮於郾城，其後更追至朱仙鎮。岳飛原本可以一舉攻克金軍，卻被秦檜用十二道金牌召回。上圖為朱仙鎮的運糧河。

説岳全傳

　　這首詩出現在《説岳全傳》第一回的開頭，詩中點出故事背景在北宋、南宋間，並與當時徽宗、欽宗兩位皇帝以及忠義之士──岳飛有關。《説岳全傳》原名《清忠演義説本岳王全傳》，共二十卷八十回，由錢彩編寫，金豐增訂，成書約在清康熙至乾隆年間，是一部描述岳飛英勇傳奇故事的話本小説。

　　岳飛喪命於杭州，當地流傳許多關於他的事蹟，讓錢彩在蒐集、創作時有許多的資源。這部原本是寫給「説書人」參考用的故事，留下當時社會最生動真實的一面。

　　歷史上，宋朝緊接在繁華盛世──唐朝的後面，兩個朝代之間，夾著一段約五十多年的「五代」。這段期間，可説是歷史上最黑暗殘暴的年代。擁有兵權的各地軍閥，不斷上演著「推翻政權，改朝換代」的戲碼，人民性命不保、賦稅苛重，生活苦不堪言。到了後晉的皇帝石敬瑭，甚至為了鞏固自己的權力，既割讓了「燕雲十六州」給契丹人建立的遼國，又定期進貢，還自稱「兒皇帝」！後晉大開了門戶，讓遼國握住了中原的咽喉，也讓其他異族跟著長驅直

三百餘年宋史，中間南北縱橫。閑將二帝事評論，忠義堪悲堪敬。忠義炎天霜露，奸邪秋月痴蠅。忽榮忽辱總虛名，怎奈黃粱不醒！—《說岳全傳·第一回》

入，後患不斷。

宋朝在飄搖中建立，太祖趙匡胤看到擁兵自重造成國家分崩離析，一開始就規劃了「重文輕武」的格局。他極力削減地方的兵權，與遼國進行和平談判，自己也以身作則，過著儉樸清廉的生活。他讓宋朝在剛開始時，可以減少耗損，累積國庫，人民也真正過了幾年安穩的日子。可惜之後繼位的皇帝，開始過著鋪張浪費的日子，逐步把國家逼到了絕境。

《說岳全傳》以史實為綱緯，加入充滿傳奇的民間傳說，包含豐富的想像與濃厚的情感，透過書中的描述，後人看到岳飛盡忠報國的典範；看到許許多多出身民間的綠林好漢，因為對朝廷的失望，挺身而出勇敢征戰；也對照出那些在朝廷裡枉法專權、賣國求榮的當政者，是如何的讓人民失望。

岳雷引大軍，過了蠶華江，毫無阻擋。一路聞風瓦解，直望黃龍府進發。不一日，已到離城五十里，安下營寨。 —《說岳全傳·第八十回》

岳飛在朱仙鎮大戰兀朮大軍，殺得金兵「屍如山積，血若川流」，兀朮大軍幾乎全軍覆沒。這一仗讓在朝中主政的秦檜心慌意亂，連下十二道金牌，要岳飛休兵，並且立刻回京城。

一回到京城，岳飛成了甕中之鱉，在《說岳全傳》六十一回中，岳飛、岳雲父子和大將張憲，含冤命喪風波亭。當時三人歸天時，忽然狂風大作，黑霧漫天，飛砂走石，彷彿天地同悲。

岳飛死後，與他有關的故事，增添了神鬼的色彩，繼續傳誦著。在獄中照料他們的獄官王能、李直，在他們歸天之後開始吃長齋、穿孝服，逢廟便拜，希望能為岳飛平反。但他們眼見秦檜依然得意當道，心中憤恨不平。有一天，當他們來到「潮神

廟」，氣得把裡頭供奉的伍子胥神像搗毀。伍子胥上奏玉皇大帝，知道事情的來龍去脈，也知道岳飛遲遲無法報仇，是因為秦檜的相國府有門神攔阻。伍子胥領了玉旨和「無拘霄漢牌」給岳飛。岳飛拿到玉旨和令牌，立刻直奔秦檜府，對著秦檜的背上打了一鎚。秦檜在夢中驚醒，之後身體就出了狀況，最後因為不明背疾而死。這時，兀朮再度領兵來犯，高宗在朝廷詢問誰能效力，岳飛的忠魂附在大將羅汝楫上，稟奏高宗皇帝：「臣岳飛願往！」這一番話，居然把對岳飛虧欠許多的高宗皇帝嚇死了。

之後的孝宗皇帝，先平反岳飛的冤情，請出岳飛次子岳雷應戰。岳雷繼承了岳飛的軍事天分，帶領岳家軍，破了金軍，還氣死了兀朮，除掉金兵主將，金兵只好臣服宋朝。捷報傳回之後，孝宗皇帝封賞，所有岳家軍都得到了應有的榮耀。在天上，玉皇大帝也讓這一段劫難中相關的人物，各自得到安頓。

《說岳全傳》融合了民間的信仰，用「一切有為法，如夢幻泡影」這樣的角度，安撫聽故事的人，並解釋這一段英雄落難的故事，都是冥冥中的安排。

岳飛

在《說岳全傳》中，七歲的岳飛寫下了這首詩。詩中抒發了自己想馳騁沙場，報效國家的豪情壯志。

傳說岳飛是天上的大鵬金翅明王轉世，他在如來佛身旁當護法神祇。因為徽宗皇帝祭天表章不慎寫成「王黃犬帝」，惱怒的玉皇大帝派遣赤鬚龍下界，擾亂宋室江山。如來佛擔心無人能降服赤鬚龍，於是派大鵬鳥轉世。

岳飛生在河南相州湯陰縣，父親岳和，母親姚氏。岳飛出生後第三天就遇到黃河水患，母親抱著他躲進大花缸中，一路漂到河北大名府的麒麟村，被村中的員外王明救起。岳飛跟著員外的兒子王貴以及村中湯員外、張員外的兒子湯懷、張顯一起長大。王員外曾多次為四人請來塾師，不過另外三位玩伴，每每使盡頑皮本事，把老師一個個氣走，行徑讓家人失望搖頭。

投筆由來羨虎頭，須教談笑覓封侯。胸中浩氣凌霄漢，腰下青萍射斗牛。英雄自合調羹鼎，雲龍風虎自相投。功名未遂男兒志，一在時人笑敝裘。

—《說岳全傳‧第三回》

　　七歲時，岳飛和母親搬出王員外家，母子倆相依為命。他每天背著筐籃外出撿柴，分擔家計。母親看他日漸長大，因為沒錢送他上學，只好自己在家教導。為了省下買紙筆的錢，岳飛到河邊取了河沙、楊柳枝回家，就在沙上學寫字。

　　有一天，王員外的老友周侗前來拜訪，王員外懇請周侗擔任孩子們的老師，周侗也歡喜的接受了。周侗學養俱佳，又精通武術，頑皮的學生根本不敢造次，於是書房裡開始傳來孩子們的讀書聲。住在一牆之隔的岳飛非常羨慕，常常端著椅子，隔牆看他們上課。

　　有一天，周侗要外出之前，留了三個題目要學生完成。岳飛看到老師出去了，趕緊翻牆過來，沒想到三個伙伴竟然把他鎖在書房中，要他代為完成作業。岳飛寫了三張卷子，又在牆上題了這首抒發志向的詩。這首詩讓周侗驚喜萬分，知道自己遇到了奇才。在岳母同意之下，周侗收岳飛為義子，悉心傳授畢生本事，岳飛也在良師的啟發下，逐漸成為能文善武的青年。

岳爺喝道：「胡說！自古忠臣不怕死，大丈夫視死如歸，何足懼哉！且在冥冥之中，看那奸臣受用到幾時！」就大踏步走到風波亭上。

——《說岳全傳・第六十一回》

　　岳飛十四歲時，在縣城考試初試啼聲，就展現過人的武藝。幾年後，在京城的武狀元會考時，他不慎殺了賄賂考官的南唐小梁王柴桂，只得匆忙回鄉。鄉間生活困苦，原本跟他形影不離的兄弟，因為飢寒難耐，投身綠林。岳飛勸說不聽，只好跟他們劃地斷義。

　　北方金國來犯，宋軍連吃敗仗，兩位親王到金國當人質，欽、徽兩位皇帝也被擄到金國。天下紛亂，許多各據一方的「大王」都希望能請到岳飛前去輔佐。岳飛雖然生活窮困，對於這些邀請卻無動於衷，為了宣示這樣的決心，岳母在岳飛背上刺了「盡忠報國」四個字，希望他時時

刻刻記住，不受叛賊的誘惑，能甘守清貧、不貪濁富。

　　好不容易，康王趙構從金國逃回，成為南宋中興君主高宗，岳飛被委以重任，終於能一展長才。他一方面平撫國內據地稱王的勢力，鼓吹他們投效宋營；一方面構思奇招妙計，屢破兀朮大軍。

　　岳飛對宋朝的忠心，讓他忘記人心的險惡。高宗皇帝的賜酒，被秦檜妻子偷加了毒藥。岳飛寧願懲處無意中識破了奸計、氣得打爛所有酒罈的兄弟牛皋，也不去質疑皇帝的行為。

　　他對皇帝的「不懷疑」，讓小人有更多的空間作亂。當他只差一步就能徹底除掉兀朮時，突然接到「聖旨」，要他班師回朱仙鎮等待。同行的將士們看出這是朝中奸臣的伎倆，勸他：「將在外，君命有所不從。」但他還是選擇聽從命令，也把自己送上黃泉。

　　即使到最後，當他徹底失望，知道自己成為犧牲品，他還是期望周圍的人保全他「忠心事主」的名聲，不要為他復仇。他離開朱仙鎮，居民哭聲震天，他揮淚安慰：「爾等不可如此！」他死後，兄弟們集結軍隊，打算渡江為他雪冤，他在江心顯靈，翻起巨浪，阻擋這支義憤填膺的隊伍。「忠勇」兩個字，可以說是岳飛一生的格局。

兀朮

　　兀朮是金國老狼主完顏阿骨打的第四個兒子，他的長相奇特，高頭大馬，膚色黝黑。相傳他是天上赤鬚龍下降，要來擾亂宋室江山，所以他的一生，與宋朝有緊密的牽連。

　　當時，金國統有北地遼闊的國土，狼主總想要奪取宋室江山，感受中原花花世界的繁華。在欽宗皇帝即位之後，金國打聽到皇帝不理朝政，放任奸臣為所欲為，認為入兵的時機到了。老狼主於是選定吉日，要選出「搶宋大元帥」。校場中，有一個一千多斤的大鐵籠，是鎮國之寶，從來沒有人能舉起。老狼主一時興起，宣旨昭告：「誰能舉起鐵籠，即封為昌平王、掃南大元帥之職。」

　　許多王子、軍丁、將士，為著這大元帥的頭銜，紛紛前來嘗試，卻沒有一個人舉得起來，兀朮也上前請求：「兒臣能舉這鐵籠。」老狼主最不喜歡的兒子就是兀朮，看到只有兀朮挺身而出，老狼主

臉如火炭，髮似烏雲。虯眉長髯，闊口圓睛。身長一丈，膀闊三停。分明是狠金剛下降，卻錯認開路神猙獰。原來是老狼主第四個太子，名喚兀朮。

——《說岳全傳·第十五回》

氣他狂妄自大，連試都不讓他試，就要將他斬首。在大臣們求情之下，兀朮得到嘗試的機會，他果真展現神力，將鐵籠連舉三次，在喝采聲中，他得到父親的認同，獲得大元帥的頭銜，開始沒有止境的征戰。

在遇到岳飛之前，兀朮勢如破竹，聲勢驚人，運氣極佳。他的軍隊在黃河邊與宋軍對峙時，才八月的季節，忽然就颳起寒風，讓河水冰凍，金兵得以長驅直入。他似乎總是能化險為夷，當他被宋軍困在黃天蕩，大軍剩不到兩萬時，居然遇到不知名的秀才獻計，挖掘老鸛河舊水道逃走。他再度整軍南下，又在朱仙鎮被宋軍血洗，殘存的軍隊不到五千人。兀朮被逼到金牛嶺，正想撞石壁自盡時，忽然而來的震天響將石壁移平，讓他再次得以全身而退。

小南蠻，某家乃是大金邦昌平王兀朮四太子是也。我看你小小年紀，何苦斷送在此地！若肯歸順某家，封你一個王位，永享富貴，有何不美？

——《說岳全傳‧第五十八回》

　　兀朮得不到父親的喜愛，不是因為他的長相，而是因為他特有的喜好。他對南方文書歷史特別喜歡，在宮中學穿南朝服飾，他內心嚮往宋朝的一切，這也表現在他帶兵的風格上，他對宋朝的忠臣特別敬重，對奸臣則是帶著鄙夷的態度。

　　領了父親賜予的大元帥頭銜，兀朮帶領五十萬軍隊，浩浩蕩蕩從北南下，經過一個多月，與有小諸葛之稱的潞安州節度使陸登展開首戰。雙方僵持了一個月，陸登夫婦看到守城無望，雙雙自盡。兀朮攻入城中，感動於陸登盡忠的氣度，便下令不傷城中一草一木、將兩夫妻合葬，也應允照顧陸家香火。他也真的將陸登唯一的兒子當成自己的孩子一般，悉心照顧，教導學識武術。

　　兀朮對宋朝忠臣的禮遇，在故事中處處可見。忠臣李若水護送康王趙構到金國當人質，兀朮看到康王人品，忍不住賞識的說：「殿下若肯拜我為父，我若得了江山，還

予你為帝如何？」康王原意不肯，聽到江山將可歸還，也就拜兀朮為父。為著對康王的欣賞，兀朮對李若水也相當敬重，叮嚀部下要待之以禮，不可怠慢。可惜李若水在金國皇宮裡對著老狼主破口大罵，因此喪命。他攻入皇宮，康王王妃張邦昌之女荷香跪迎，他不但不歡喜，反而一邊怒斥不懂「夫婦乃五倫之首」的道理，一邊揮刀立即斬首。

兀朮對宋朝人士的欣賞，甚至忘了自己正處於險境。在戰況危急的朱仙鎮之役，宋軍派出梁山泊大刀關勝的公子關鈴與他對戰。看到關鈴相貌堂堂，儘管自己正在跟對方對戰，他還是忍不住愛才的本性，想將威風凜凜、一表人才的關鈴收為己用。

兀朮後來對上了岳飛，屢戰屢敗，幾次失敗之後，他聽從軍師哈迷蚩的建議，收買宋朝奸臣，用奸臣的貪念挫敗岳飛的聲勢，在《説岳全傳》的故事中，兀朮最後就是靠著奸臣秦檜的裡應外合，才得以除掉對手岳飛。

秦檜

　　秦檜在歷史上是個大奸臣，相傳平民因為同情岳飛，紓解對秦檜之恨，用麵團做成他的形像丟入油鍋裡炸，稱之為「油炸檜」，演變成今日的油條。在正史記載上，他是當時的「主和派」，寧願用條約與金錢換取和平；他迎合當時高宗皇帝的心願，全力偏安南方，對於收復北方故土，迎回兩位被俘皇帝，並沒有太大的企圖。

　　《說岳全傳》裡生動的刻畫著他為什麼會成為這樣的角色。首先，作者對於秦檜妻子的前世賦予神奇的色彩。秦檜妻子原本是神仙女土蝠，在聆聽如來佛講道時，不小心放了臭屁，而被大鵬金翅明王（岳飛前世）一口啄死。故事中，秦檜妻子對於如何陷害岳飛，常是主要的謀略者。

　　宋軍戰敗，丞相張邦昌前往和談，帶回必須以親王為人質的訊息。孝順的趙王答應前往，徽宗詢問有誰能隨行。秦檜是當時的新科狀元，他不避危難，自願前往。只是文弱的趙王還沒進入金

秦檜跪下道：「上有皇天，下有后土，我秦檜若忘了狼主恩德，不把宋朝天下送與狼主，後患背疽而死！」——《說岳全傳・第四十六回》

國皇宮，就在營外被長相兇惡的番相蒲蘆溫嚇死，秦檜便成了金國的俘虜，夫妻倆被囚禁在賀蘭山邊。堂堂的狀元，頓時間成了無人聞問的小卒，生活全靠服侍看馬的小番勉強度日。

護送趙王時，秦檜得到皇帝應允：「等待回朝之日，加封官職不小。」沒想到，這一去似乎就無法回國，宋朝朝廷中忙著應付戰亂，再也沒有人在乎他。秦檜在顛沛流離時，正巧兀朮開始構思施恩宋朝奸臣的計謀。兀朮特意到賀蘭山拜訪秦檜，聘他為參謀，送衣服金銀，給予相當優渥的待遇。這樣過了一年多，秦檜覺得自己受到了尊重，動搖了原本對宋朝的忠誠。

當兀朮主動放他回國，依依不捨送別說道：「卿家進中原，若得了富貴，休忘了某家！」秦檜感激兀朮的照顧，也激動的立誓，說自己願意把江山送予狼主。這樣的誓言，之後也時時縈繞在秦檜心頭，正因為他被動配合兀朮的要求，讓岳飛一步步走上死亡絕路。

第一枝香，保佑自身夫妻長享富貴，百年偕老；第二枝香，保佑岳家父子早早超生，不來纏擾。第三枝香，凡有冤家，一齊消滅。 ──《說岳全傳·第七十回》

　　《說岳全傳》故事中，坦蕩蕩的岳飛對上奸詐的秦檜，完全不知如何因應。兩人一明一暗，一正一邪，就算岳飛周圍的人全知道秦檜設下了圈套，岳飛也不願意相信。為了讓這樣的應對合理化，書中加上了很多「因果」的描述，設法把一切都歸於「命中注定」。

　　岳飛連收十二道金牌，雖然親信力阻，他還是執意遵從聖旨。他在領旨進京的途中，被惡夢驚醒，夢中兩隻黑犬面對面說話，江中竄出怪物撲向他。這樣奇特的夢境，讓他決定去拜訪附近金山寺中能預知未來的道悅和尚。

　　和尚給了岳飛「此行恐有牢獄之災，不如潛身林野」這麼清楚的提示了，岳飛依然堅持：「我以身許國，志在恢復中原，雖死無憾！」和尚只好給他一段暗示，提示裡頭有「奉下兩點，將人荼毒」，指出岳飛將被姓「秦」的毒害。

秦檜除掉岳飛後，想著還有一大群擁護岳飛的將領，他開始心生疑懼，連白天都看到幻象。當他寫著奏本，要陷害忠良，岳飛的陰魂上前一鐧將他打倒。他嚇得昏過去，醒來之後，開始拜佛祭祀，希望能超渡岳飛的魂魄，因此一邊燒香，一邊許下了希望自己平安、不再受岳飛還有其他仇家騷擾的心願。但是他卻在靈隱寺內，遇到瘋瘋癲癲的和尚，和尚自稱葉守一，寫詩洩漏天機。

和尚的詩句，一字一句都寫出秦檜不為人知的奸行，讓他又驚又恐。秦檜循著詩句，搶先制伏想對他襲擊的施全，他隨即派人回到靈隱寺捉拿葉守一，沒想到這個瘋僧居然憑空消失，讓秦檜莫可奈何。

斬了施全之後，秦檜整天神昏意亂，被岳飛陰魂擊中的背脊開始發疼。他的魂魄在陰間先受了磨難，鎮日昏迷無語。最後，秦檜在家人與屬下面前，大叫：「岳爺爺饒命！」

在《說岳全傳》故事中，秦檜與妻子死後落入地獄，經歷萬劫永無止盡。

經典
少年遊

youth.classicsnow.net

◎ 少年是人生開始的階段。因此，少年也是人生最適合閱讀經典的時候。這個時候讀經典，可為將來的人生旅程準備豐厚的資糧。因為，這個時候讀經典，可以用輕鬆的心情探索其中壯麗的天地。

◎ 【經典少年遊】，每一種書，都包括兩個部分：「繪本」和「讀本」。繪本在前，是感性的、圖像的，透過動人的故事，來描述這本經典最核心的精神。小學低年級的孩子，自己就可以閱讀。讀本在後，是理性的、文字的，透過對原典的分析與説明，讓讀者掌握這本經典最珍貴的知識。小學生可以自己閱讀，或者，也適合由家長陪讀，提供輔助説明。

◎ 【經典少年遊】，我們先出版一百種中國經典，共分八個主題系列：詩詞曲、思想與哲學、小説

001 世説新語　魏晉人物畫廊
A New Account of Tales of the World: Anecdotes in the Southern and Northern Dynasties
故事/林羽豔　原典解説/林羽豔　繪圖/吳亦之

東漢滅亡之後，魏晉南北朝便出現了。雖然局勢紛亂，但是卻形成了自由開放的風氣。《世説新語》記錄了那個時代裡，那些人物怎麼説話、如何行事。讓我們看到他們的氣度、膽識與才學，還有日常生活中的風雅與幽默。

002 搜神記　神怪故事集
In Search of the Supernatural: Records of Gods and Spirits
故事/劉美瑤　原典解説/劉美瑤　繪圖/顧珮仙

晉朝的干寶，搜集了許多有關神仙鬼怪與奇思異想的故事，成為流傳至今的《搜神記》。別小看這些篇幅短小的故事，它們有些是自古流傳的神話，有的是民間傳説，統稱為「志怪小説」，成為六朝文學的燦爛花朵。

003 唐人傳奇　浪漫的傳説故事
Tang Tales: Collections of Tang Stories
故事/康逸藍　原典解説/康逸藍　繪圖/林心雁

正直的書生柳毅相助小龍女，體驗海底龍宮的繁華，最後還一同過著逍遙自在的生活。唐人傳奇是唐朝的文言短篇小説，內容充滿奇幻浪漫與俠義豪邁。在這個世界裡，我們不僅經歷了華麗的冒險，還看到了如夢似幻的生活。

004 竇娥冤　感天動地的竇娥
The Injustice to Dou E: Snow in Midsummer
故事/王蕙瑄　原典解説/王蕙瑄　繪圖/榮馬

善良正直的竇娥，為了保護婆婆，招認自己從未犯過的罪。行刑前，她許下三個誓願：血濺白布、六月飛雪、三年大旱，期待上天還她清白。三年後，竇娥的父親回鄉判案，他能發現事情的真相嗎？竇娥的心聲，能不能被聽見？

005 水滸傳　梁山好漢
Water Margin: Men of the Marshes
故事/王宇清　故事/王宇清　繪圖/李遠聰

林沖原本是威風的禁軍教頭，他個性正直、武藝絕倫，還有個幸福美滿的家庭，無奈遇上了欺壓百姓的太尉高俅，不僅遭到陷害，還被流放到偏遠地區當守軍。林沖最後忍無可忍，上了梁山，成為梁山泊英雄的一員大將。

006 三國演義　風起雲湧的英雄年代
Romance of the Three Kingdoms: The Division and Unity of the World
故事/詹雯婷　原典解説/詹雯婷　繪圖/蔣智鋒

曹操要來攻打南方了！劉備與孫權該如何應戰，周瑜想出什麼妙計？大戰在即，還缺十萬支箭，孔明卻帶著二十艘船出航！羅貫中的《三國演義》，充滿精采的故事與神機妙算，記錄這個風起雲湧的英雄年代。

007 牡丹亭　杜麗娘還魂記
Peony Pavilion: Romance in the Garden
故事/黃秋芳　原典解説/黃秋芳　繪圖/林虹亨

官家大小姐杜麗娘，遊賞美麗的後花園之後，受寒染病，年紀輕輕就離開人世。沒想到，她居然又活過來！這到底是怎麼一回事？明朝劇作家湯顯祖寫《牡丹亭》，透過杜麗娘死而復生的故事，展現人們追求自由的浪漫與勇氣！

008 封神演義　神仙名人榜
Investiture of the Gods: Defeating the Tyrant
故事/王洛夫　原典解説/王洛夫　繪圖/林家棟

哪吒騎著風火輪、拿著混天綾，一不小心就把蝦兵蟹將打得東倒西歪！個性衝動又血氣方剛的哪吒，要如何讓父親李靖理解他本性善良？又如何跟著輔佐周文王的姜子牙，一起經歷驚險的戰鬥，推翻昏庸的紂王，拯救百姓呢？

009 三言　古今通俗小説
Three Words: The Vernacular Short-stories Collections
故事/王蕙瑄　原典解説/王蕙瑄　繪圖/周庭萱

許宣是個老實的年輕人，在下著傾盆大雨的某一日遇見白娘子，好心借傘給她，兩人因此結為夫妻。然而，白娘子卻讓許宣捲入竊案，害得他不明不白的吃上官司。在美麗華貴的外表下，白娘子藏著什麼秘密？她是人還是妖？

010 聊齋誌異　有情的鬼狐世界
Strange Stories from a Chinese Studio: Tales of Foxes and Ghosts
故事/岑澎維　原典解説/岑澎維　繪圖/鐘昭弋

有個水鬼名叫王六郎，總是讓每天來打漁的漁翁滿載而歸。善良的王六郎會不會永遠陪著漁翁捕魚，好心會有好報嗎？蒲松齡的《聊齋誌異》收錄各式各樣的鄉野奇談，讓讀者看見那些鬼狐精怪的喜怒哀樂，原來就像人類一樣。

與故事、人物傳記、歷史、探險與地理、生活與素養、科技。每一個主題系列，都按時間順序來
選擇代表性的經典書種。

◎ 每一個主題系列，我們都邀請相關的專家學者擔任編輯顧問，提供從選題到內容的建議與指導。
　我們希望：孩子讀完一個系列，可以掌握這個主題的完整體系。讀完八個不同主題的系列，可以
　不但對中國文化有多面向的認識，更可以體會跨界閱讀的樂趣，享受知識跨界激盪的樂趣。

◎ 如果說，歷史累積下來的經典形成了壯麗的山河，【經典少年遊】就是希望我們每個人都趁著年少探
　索四面八方，拓展眼界，體會山河之美，建構自己的知識體系。少年需要遊經典。經典需要少年遊。

011 說岳全傳　盡忠報國的岳飛
The Complete Story of Yue Fei: The Patriotic General

故事／鄒敦怜　原典解說／鄒敦怜　繪圖／朱麗君

岳飛才出生沒多久，就遇上了大洪水，流落異鄉。他與母親相依為命，又
拜周侗為師，學習武藝，成為一個文武雙全的人。岳飛善用兵法，與金兵
開戰；他最終的志向是一路北伐，收復中原。這個心願是否能順利達成呢？

016 鏡花緣　海外遊歷
Flowers in the Mirror: Overseas Adventures

故事／趙予彤　原典解說／趙予彤　繪圖／林虹亨

失意的文人唐敖，跟著經商的妹夫林之洋和博學的多九公一起出海航行，經
過各種奇特的國家。來到女兒國，林之洋竟然被當成王妃給抓走了！翻開李
汝珍的《鏡花緣》，看看他們的驚奇歷險，猜一猜，他們最後如何歷劫歸來？

012 桃花扇　戰亂與離合
The Peach Blossom Fan: Love Story in Wartime

故事／趙予彤　原典解說／趙予彤　繪圖／吳泳

明朝末年國家紛亂，江南卻是一片歌舞昇平。李香君和侯方域在此相戀，桃
花扇是他們的信物。他們憑一己之力關心國家，卻因此遭到報復。清朝劇作
家孔尚任，把這段感人的故事寫成《桃花扇》，記載愛情，也記載明朝歷史。

017 七俠五義　包青天為民伸冤
The Seven Heroes and Five Gallants: The Impartial Judge

故事／王洛夫　原典解說／王洛夫　繪圖／王韶薇

包公清廉公正，但宰相龐太師卻把他看作眼中釘，想作法陷害。包公能化
險為夷嗎？豪俠展昭是如何發現龐太師的陰謀？說書人石玉崑和學者俞樾，
把包公與江湖豪傑的故事寫成《七俠五義》，精彩的俠義故事，讓人佩服！

013 儒林外史　官場浮沉的書生
The Unofficial History of the Scholars: Life of the Intellectuals

故事／呂淑敏　原典解說／呂淑敏　繪圖／李遠聰

匡超人原本是個善良孝順的文人，受到老秀才馬二與縣老爺的賞識，成了
秀才。只是，他變得愈來愈驕傲，也一步步犯錯。清朝作家吳敬梓的《儒
林外史》，把官場上的形形色色全寫進書中，成為一部非常傑出的諷刺小說。

018 西遊記　西天取經
Journey to the West: The Adventure of Monkey

故事／洪國隆　原典解說／洪國隆　繪圖／BO2

慈悲善良的唐三藏，帶著聰明好動的悟空、好吃懶做的豬八戒、刻苦耐勞
的沙悟淨，四人一同到西天取經。在路上，他們會遇到什麼驚險意外？踏
上《西遊記》的取經之旅，和他們一起打敗妖怪，潛入芭蕉洞，恣意冒險！

014 紅樓夢　大觀園的青春年華
The Story of the Stone: The Flourish and Decline of the Aristocracy

故事／唐香燕　原典解說／唐香燕　繪圖／麥震東

劉姥姥進了大觀園，看到賈府裡的太太、小姐與公子，瀟湘館、秋爽齋與
蘅蕪苑的美景，還玩了行酒令、吃了精巧酥脆的點心。跟著劉姥姥進大觀園，
體驗園內的新奇有趣，看見燦爛的青春年華，走進《紅樓夢》的文學世界！

019 老殘遊記　帝國的最後一瞥
The Travels of Lao Can: The Panorama of the Fading Empire

故事／夏婉雲　原典解說／夏婉雲　繪圖／蘇奔

老殘是個江湖醫生，搖著串鈴，在各縣市的大街上走動，幫人治病。他一邊
走，一邊欣賞各地風景民情。清朝末年，劉鶚寫《老殘遊記》，透過主角老
殘的所見所聞，遊歷這個逐漸破敗的帝國，呈現了一幅抒情的中國山水畫。

015 閱微草堂筆記　大家來說鬼故事
Random Notes at the Cottage of Close Scrutiny: Short Stories About Supernatural Beings

故事／邱彗敏　故事／邱彗敏　繪圖／楊瀚橋

世界上真的有鬼嗎？遇到鬼的時候該怎麼辦？看看紀曉嵐的《閱微草堂筆記》
吧！他會告訴你好多跟鬼狐有關的故事。長舌的女鬼、嚇人的笨鬼、扮鬼的
壞人、助人的狐鬼。看完這些故事，你或許會覺得，鬼狐比人可愛多了呢！

020 故事新編　換個方式說故事
Old Stories Retold: Retelling of Myths and Legends

故事／洪國隆　原典解說／洪國隆　繪圖／施怡如

嫦娥與后羿結婚後，有幸福美滿嗎？所有能吃的動物都被后羿獵殺精光，
只剩下烏鴉和麻雀可以吃！嫦娥變得愈來愈瘦，勇猛的后羿能解決困境嗎？
魯迅重新編寫中國的古代神話，翻新古老傳說的面貌，成為《故事新編》。

經典
少年遊

youth.classicsnow.net

011
說岳全傳　盡忠報國的岳飛
The Complete Story of Yue Fei
The Patriotic General

編輯顧問（姓名筆劃序）
王安憶　王汎森　江曉原　李歐梵　郝譽翔　陳平原
張隆溪　張臨生　葉嘉瑩　葛兆光　葛劍雄　鄭培凱

故事：鄒敦怜
原典解說：鄒敦怜
繪圖：朱麗君
人時事地：編輯部

編輯：鄧芳喬　張瑜珊　張瓊文
美術設計：張士勇
美術編輯：顏一立
校對：陳佩伶

企畫：網路與書股份有限公司
出版者：大塊文化出版股份有限公司
台北市10550南京東路四段25號11樓
www.locuspublishing.com
讀者服務專線：0800-006689
TEL：+886-2-87123898
FAX：+886-2-87123897
郵撥帳號：18955675
戶名：大塊文化出版股份有限公司
法律顧問：全理法律事務所董安丹律師

總經銷：大和書報圖書股份有限公司
地址：新北市新莊區五工五路2號
TEL：+886-2-8990-2588
FAX：+886-2-2290-1658
製版：沈氏藝術印刷股份有限公司

初版一刷：2014年5月
定價：新台幣299元